AF434227

Ugo Belloli

LA NASCITA DI UN ETERNO AMORE

Poesie d'Amore

EDIZIONI WE

ISBN 979-12-5497-075-1

©2023 Edizioni WE di Nicola Bergamaschi
Via Paulli 10/A – 26015 – Soresina (CR)

www.clickpertutti.com
www.edizioniwe.com
www.facebook.com/edizioniwe
www.instagram.com/edizioniwe
info@edizioniwe.com

PREFAZIONE
di Nicola Bergamaschi – Fondatore Edizioni We

Ugo Belloli, attraverso questa raccolta di poesie, mostra un lato ben diverso da quello del docente, regista, formatore, scrittore a cui siamo abituati: questa volta ci lascia scrutare nella sua anima e ci lascia scoprire il significato dell'Amore.

Certo chi conosce Ugo, sa che in ogni sua azione c'è sempre e comunque amore, ma in questo caso, addirittura, c'è quello spirituale unito a quello fisico, passionale e tangibile per la donna che è diventata sua moglie.

Ringrazio Ugo per donarci quest'opera "molto calda" ed invito il lettore ad osare e a declamare questi versi a voce alta perché solo così potrà apprezzarne la profonda musicalità.

Questo nuovo libro, quindi, è tutto da gustare e comprendere poco a poco, anche attraverso successive e costanti riletture.

Nicola Bergamaschi

LA NASCITA
DI UN ETERNO AMORE

Dedico questo libro alla meravigliosa donna LAURA,
che mi ha salvato, mi ha fatto rinascere nell'arcipelago
di una mia nuova vita e per avermi donato
i nostri due meravigliosi figli:
RICCARDO e FEDERICA.

SURPLACE: TROVERÒ IL MIO AMORE?

Assenza di trame eversive,
come di stimoli ortodossi.
Anche l'orda dei flagellati si è rifiutata
di invadere il tunnel di carne e condono.

Striduli canti di faraona o di quaglia
cantano nenie australi
unico elisir per abbracciare
il tempo della speranza.

Colora le foglie di un acero,
un'affettata eloquenza
su altre lunghezze d'onda da me conosciute.
Visibile fino alla noia, ricerco degli alleati.

D'altronde le speranze dei buoni
sono le più passionali,
e solo sul tempo permettono
ragguardevoli successi a fronte di accordi.

Sobrio e incantato io rimango seduto
su di un alito d'ombra d'orgoglio residuo,
e nelle froge purosangue
il presagio dell'amore mi fermenta intatto.

DEDICO A TE

A te che sei la gioia e la paura,
la quiete e la tempesta,
la luce dopo il buio e il tuono dopo il silenzio,
il decollo dopo lo schianto,
la speranza oltre la solitudine.
A te dedico questi versi
passeggiando nella mano
sul nostro futuro arcobaleno.

IL MUTILATO STUPORE

Mi posso abituare a tutto
anche alle battute autunnali
di caccia ad un cliente baffuto.
Ma non farò mai l'abitudine
a questa mancanza del desiderio di te,
a questa mancanza del desiderio di me.
Passeggia nei miei sogni come
il primo giorno che ti ho conosciuto,
ho ceduto un'altra settimana al mio passato.
Cerco di fare la pace con me stesso
sperando che tu mi doni le tue braccia.

UNA BREZZA SICURA

Uno sprazzo paglierino,
nell'appassionata attesa dell'amore.
La veemenza di un sensato maschio
corre su strade sterrate.
Sanguigna si flette la foglia del tarassaco.
Un profilo si muta
e riappare tra gocce d'aprile.
Il nibbio volge lontano il suo sguardo
e per gli alti cirri e orizzonti
aleggia una brezza sicura
per un amore che arriva.

UN MANDORLO IN FIORE

Una donna fragrante
come mandorlo in fiore
da tempo visita i miei pensieri
e questo è già un fatto inaudito.
Nella mia vita troppo indaffarata
mi dà conforto e serenità.
Quando qualcuno è nei tuoi pensieri
o tu sei nei pensieri di qualcuno,
anche se sono piccoli pensieri,
allora sì che vale la pena di vivere,
perché non lo fai solo per te
ma anche per un mandorlo in fiore.

HO ABBANDONATO LA SOLITUDINE

Passa ogni tanto il vento
spazza le strade e sbreccia le case,
porta lontani brandelli di mandorlo in fiore
di cui non ho più notizie.
Saettano stormi fuggiaschi di uccelli
e spariscono sordi ad ogni richiamo.
Ma TU ci sei in molti pensieri miei,
in tante notti lunghe e meditabonde,
nella luce vespertina che solo in campagna io assaporo,
con i bei messaggi che TU mi mandi,
nel filo sottile di un pensiero e di un desiderio.
Quanto ti sarà costato abituarti a me?
Alla mia anima sola ed irrequieta,
anche se ti ho risposto in ritardo,
sappi che il mio silenzio è comunque pieno di TE,
ed anche il mio cuore sarà tuo,
sempre di più per tutta la mia futura vita.

L'UNICA VIA, L'UNICA VITA

Non si arriva a una meta senza poter ripartire.
E là dove noi due siamo ora,
non è che una tappa del nostro cammino
con la certezza che ogni sera è la promessa di un'aurora.
Conta i fiori del tuo giardino
e non contare mai le foglie che cadono.
Conta le ore della tua giornata,
ma dimentica le nuvole.
Conta le stelle delle tue notti,
non contare le tue ombre.
Conta i sorrisi della tua vita,
non le tue lacrime.
E ad ogni compleanno conta con gioia
la tua età dal numero degli amici,
non da quello degli anni.
Che piccola cosa è una vita... la mia e la tua,
ma è una goccia nata in un mare d'amore
ed è l'unica via, senza la quale,
la vita sarebbe una goccia sprecata.
Troppo piccola per essere felice da sola.
Troppo grande per accontentarsi del nulla.

SEI NEL MIO CIELO

Quando volo tra le nuvole della nostra passione
Non temo mai di cadere,
C'è un angelo che mi tiene stretto tra le sue braccia,
I suoi baci
Le sue carezze
I suoi sguardi sono le mie ali sicure,
Nel mio cielo,
Al di sopra delle nubi di ogni giorno,
Meravigliose vette mi attendono,
Sono candide come la tua pelle
Pure come i tuoi sguardi,
Vergini come i tuoi pensieri
Da conquistare come il tuo cuore.

INATTESA MUSA SETTEMBRINA

Dopo tanti passaggi di uccelli migratori
in tempi d'attesa e di lavoro,
una musa settembrina ha dato olio e sale nuovo
ai frantoi del mio desiderio.
Con la struggente passione dell'adolescenza,
sulle ali di una farfallina di carta,
ha urtato questo mio cigolante cariaggio.
Ed ora, come su di un palcoscenico,
apro il sipario su inconfessabili speranze
e sui miei futuri emozionanti ed affascinanti.

LA MIA DONNA

Goccia di rugiada sulle mie labbra.
Pioggia di marzo sui fiori del giardino.
Ruscello di montagna che disseta.
Torrente della mia passione.
Fiume che rompe gli argini della mia solitudine.
Mare azzurro del nostro nuovo abbraccio.
Oceano della pace e tsunami dell'emozione.

LA GIOIA

A te che sei la gioa e la quiete,
la luce dopo il buio e il tuono dopo il silenzio.
Il decollo dopo lo schianto della mia vita
la speranza oltre la solitudine.
A te dedico questi miei versi poetici
passeggiando mano nella mano
sul nostro arcobaleno.
Certe notti con passo furtivo guardo il tuo fiore.
Sfioro le tue gambe infinite e meravigliose,
accarezzo le tue braccia d'avorio
nei viali assolati del mio desiderio.

LA PASSIONE

Sublimi mollezze femminee
mi spiano purpuree
sotto teli attillati.
Stordito da tanta passione
m'inebrio spiando
scomposte stragi di ceretta
sui ribelli peluzzi,
dove il gioco dei piani
e il declivio di Venere
si esalta nel passo aggraziato
che cela e riapre,
aizzando nell'ombra socchiusa
l'arcano tormento di questa mia
necessaria ed importantissima passione d'amore.

60 MOTIVI D'AMORE

Ho sentito il fremito della tua pelle
ho dormito con il battito del tuo cuore,
mi sono scaldato alla fiamma di un DIO
che mi bacia con i tuoi baci,
mi stringe con le tue braccia
e mi nutre con i tuoi seni.
Una mattina di agosto
ho visto un treno e un'automobile
incontrarsi per caso,
viaggiare fianco a fianco
per un tratto di strada
alla stessa velocità.
Ogni tanto qualche casa
divideva il loro cammino
per poi riavvicinarli.
Destini paralleli come i nostri,
poche soste per spiare i tramonti
con il fuoco nel sangue
e il presagio di un orizzonte
sempre lontano da in pensiero scadente.
60 buoni motivi ci basteranno
per non poterci perdere tra noi due.

QUANDO NON ERO ANCORA...

Quando non ero ancora vergine
arrivai da te come contadino ignorante
per insolite strade
e per imparare poco e mietere tanto.
Ignaro dei molti tramonti che mi attendevano
con la passione del vomere
e la seta della terra per affondare
nel solco della tua meravigliosa carne
e poter rinascere nella mia nuova vita.

LA SPIAGGIA

Poseidone ha messo nella mia mano
un piccolo cuore di lava
reso alla luce dal grembo freddo della rena.
Frammento di una volontà lontana,
errabondo segno della vita che pulsa
e riemerge dalle viscere della terra.
Anche il tuo cuore ha radici di lapillo
forgiato nelle fucine del dolore.
Ha resistito al tormento della risacca,
all'incudine del sole cocente,
alla solitudine della rena.
Anche tu, dolce Laura,
posa il tuo cuore nella mia mano
almeno per un poco.
Lascia che io riposi qui al sicuro
per questo nostro amore.

ASPETTAVO TE

Ho visitato abissi di inquietudine.
Ho conosciuto la disperazione e
la noia degli anni che sono venuti e andati senza amore.
Ho attraversato giorni uguali e solitari.
Ho consumato gli aratri del tempo
a coltivare cuori aridi e ostili.
Poi ti ho vista
e adesso sei sempre nei miei occhi,
calamita del mio pensiero,
colore del mio cielo,
nutrice del mio desiderio
finché vorrai... finché sarà...

I DIVERSI PROFUMI DI UNA VITA

Io ero orfano dei profumi del mio giardino,
ora voglio solo la fragranza della tua pelle.
Cieco al sole nascente,
voglio guardare con il tuoi occhi.
Paraplegico d'amore,
voglio camminare sulle piste che hai aperto
nel deserto della mia vita.
Senza più braccia di altre persone,
voglio solo le tue di braccia.
Senza più baci di chiunque,
voglio solo le tue labbra.
Dimentico del gusto per la mia precedente vita,
voglio solo godermi il tuo meraviglioso sapore d'amore.

ORA CHE I TUOI OCCHI MI HANNO CERCATO

In un sentiero nomade tra la terra e il cielo,
archiviato il mondo con il cuore percosso dalla paura,
spalancate le porte del desiderio,
colate di azzurro cielo sulla mia bocca,
rossa tempesta di passione sulla tua pelle,
hai guidato le mie mani per i sentieri
da me sconosciuti del tuo corpo.
Vergine per desiderio e per vocazione,
mi hai dissetato al tuo seno adolescente,
fragrante e sincera come il pane umile
che mi nutrì nell'infanzia.
Come potrò sopravvivere a tanta dolcezza?
Ora che i tuoi occhi mi hanno cercato.
Ora che le tue labbra mi hanno posseduto.
Ora che ho assaporato il nettare del fiore più segreto.
A che vita dovrò tornare se ricomincerò a morire?
E come potrò sopportare ciò che io sono stato
quando ancora tu non c'eri nella mia vita?
Ogni giorno... ogni giorno
aspetterò che una brezza ventosa dell'alba mi parli di te.

COME È SEMPLICE L'AMORE

Come rende semplice ogni cosa chi lo cerca!
E mille resistenze e dubbi,
sospetti e titubanze, d'improvviso, si eclissano!
E lì, i nostri corpi nudi,
estranei e sconosciuti fino ad allora,
si sono Fidati, Avvicinati, Sfiorati,
Toccati, Abbracciati, Concessi!
Come tralci di glicine impazzito,
per liberare i grappoli d'amore.

NELLA PENOMBRA

Nella penombra, genuflesso al tempio di Afrodite,
le mie tempie pulsanti hanno conosciuto
il tepore della tua pelle,
la mia bocca l'umido nettare dell'amore,
fluttuante e afrodisiaco elisir di giusta vita.
I miei fianchi, prigionieri per scelta e devozione,
la dolce tortura delle tue gambe.
I miei occhi hanno spiato i tuoi seni per poter
disegnare nel vuoto dolci traiettorie di gioia.
Tu, terra nuda e generosa,
mai più orfana tra queste callose mani.
Tu, giardino rifiorito per alchimia d'amore
di questo giardiniere.
Non rinunciare mai a leggere tutto ciò che ho scritto
sulla silenziosa pergamena della mia passione.
Non stancarti di dare il mio nome ad ogni tuo desiderio.
Non dimenticarti della magia dell'alba,
del mistero del tramonto,
del sole che era alto nel cielo da quando mi hai posseduto.

AMANTE NAUFRAGO

Nessuno specchio, sotto la luna,
riluce come la tua meravigliosa pelle.
Amante Naufrago nel mare della tua passione
schiavo dei tuoi fianchi
piccolo granello di sabbia
agitato nella risacca adriatica
afferrato dalla tua mano di bambagia
accompagnato nelle isole del tuo desiderio
nella palma da cocco del tuo meraviglioso cuore.

HAIKU

Come rosa rossa in balia del vento
ha un cuore tribolato l'infanzia di ogni amore.
Nel cancello chiuso di un lavoro insulso
violentando il tempo e lo spazio
e il senso dell'amore è altrove.
Respiro nel nostro respiro, labbra sulle labbra io e te.
Neppure i cristalli sotto la luna risplendono con questa luce.
Quella notte ho percorso il migliore dei sentieri
sopra una puledra di madreperla.
Lascerò che ti spenga la luna.
Lascerò che l'aurora accarezzi i tuoi fianchi
ma solo nel nido del mio cuore.
Al riparo fra le torri nascoste dei tuoi seni
nella rugiada del tuo cuore le mie fragili lacrime si perdono.

GELOSIA

Questa sera lascerò
che tu spenga questa meravigliosa
luna piena.
Poi, domani mattina,
lascerò che l'aurora accarezzi i tuoi fianchi,
ma solo nel nido del mio cuore,
altrimenti, spegnerò il sole per poter salvare il mio amore.

OGGI HO BACIATO I TUOI OCCHI

Mi hai stretto i tuoi fianchi.
Sulle tue labbra ho sfiorato l'amore
che prima di te non ho mai avuto.
Come è stata dura questa mia precedente vita!
Non posso negare il crepuscolo e i fiori del tiglio,
la primavera che tarda ad andarsene
e l'estate che è esitante.
Non posso neanche negare a te
le idiozie del mio lavoro contadino,
le punture dei miei fastidiosi insetti mentali.
Ma di una cosa sono ancora certo,
anche dopo la notte più buia del mio pensiero,
il mio attuale giorno è diventato meraviglioso
grazie per aver potuto baciare i tuoi meravigliosi occhi.

INSIEME DA UN ANNO

Amore di miele, amore di latte, amore di pane.
Il mio amore è invecchiato di un anno.
Non devo spiegarti chi siamo,
piccole vele perse nell'uragano.
Quando sono con te,
e non siamo più in due,
quando il tuo respiro
è l'ossigeno del mio cuore,
allora ho capito chi siamo:
piccole foglie perse nell'uragano.
Amore di miele, amore di latte, amore di mano,
da un anno voliamo nel cielo in cui siamo.

IN QUESTA NOSTRA PRIMAVERA E LUNA PIENA

Leggera come piuma la tua mano, carezza di luce.
Vetta irraggiungibile il tuo seno, tempesta che non si placa.
Alba senza fine le tue labbra, per il mio desiderio infinito.
Scialuppa miracolosa le tue braccia,
per il mio sguardo naufrago.
Ombra della tua guancia sulla mia.
Baciami, proibito mio amore!
Come cercatori d'oro, frugheremo i sentieri della bellezza,
fino allo zenit e fino al nadir.
Stretti l'uno all'altra sempre più in questa nostra primavera
e in questa nostra estate fino a quando sarà.
Inoltre lascerò che tu spenga
questa meravigliosa luna piena.
Poi, da domani mattina,
lascerò che l'aurora accarezzi i tuoi fianchi,
ma solo nel nido del mio cuore,
altrimenti spegnerò il sole.

UN VERO MIO AMORE PER TE

Questa notte ho sognato i tuoi occhi,
alfabeto di una passione,
sottotitoli di un cuore che pulsa
ed erano solo per me.
Accoccolato sulla sponda dei tuoi meravigliosi fianchi,
godo e abbevero il mio amore per te
al fiume della tua passione
che scorre.

PER I TUOI OCCHI

Per i tuoi occhi
ucciderò il dolore di questa vita,
venderò ogni mia idea al mercato delle pulci.
Per i tuoi occhi
regalerò il profumo alle viole della primavera,
donerò il sapore all'asparago e alla melanzana,
dipingerò ogni pervinca marzolina.
Per i tuoi occhi sarò povero e nudo,
perchè tu mi rivesta di sole
in un tramonto infuocato.

MOLTO ORIGINALE QUESTO NOSTRO AMORE

Non mettere occhiali scuri oggi,
anche il sole ha bisogno della luce dei tuoi occhi
per riflettere di più.
E se hai bisogno di lui, immagina quale possa
essere il mio bisogno di te
ora che hai acceso la piccola fiamma della mia vita.
Nel tuo rapporto molto originale
è riuscita una torta d'amore a sorpresa
da una donna innamorata
che merita di essere, da me, lungamente amata.

LINEA ROSSA

Oggi ho preso carta e penna,
ho disegnato due ali,
le ho colorate con un bacio,
le ho liberate nel cielo
che voleranno verso di te
e cercheranno le tue labbra.
Io e te siamo una linea rossa d'orizzonte
per unire la terra al cielo.

IL VOLO

Quando volo tra le nuvole della nostra passione
non temo mai di cadere.
C'è un angelo che mi tiene stretto tra le sue braccia,
i suoi baci, le sue carezze,
i suoi sguardi sono le mie ali sicure.
Nel mio cielo al di sopra delle nubi di ogni giorno
meravigliose vette mi attendono,
sono candide come la tua pelle,
pure come i tuoi sguardi,
vergini come i tuoi pensieri,
da conquistare come il tuo cuore.

DALL'ALBA AL TRAMONTO

Tra i miei pensieri semibui
dall'alba al tramonto
e dal tramonto all'alba,
il mio unico sole è la luce dei tuoi occhi.
Quando ti vedo è così.
E' come se ciò che è bello
e fluttua nel vento e nelle cose,
decidesse di stazionare davanti al mio sguardo senza fretta,
rallegrando i miei pensieri
e nutrendo i miei sogni.

TU SEI LA MIA ALBA

Come sempre la prima luce di ogni giorno
mi arriva dall'alba.
E oggi ha portato con sé
scheggia luminosa tra le nubi violacee,
una vena di oro zecchino.
Avevo già capito che lì si trovava il mio tesoro.
Un colpo di vento improvviso
ha colonizzato il mio giardino.
Foglie piccole e gialle,
fili d'erba già secchi,
polvere d'aria e fiori di cespuglio
sono stati rapiti dal vento.
E li ha persi il mio sguardo
in un batter d'occhio.
Una cosa sola questo vento
non ha mosso di un centimetro
il mio pensiero innamorato per te.

UN FIORE

Angelo mio inquieto
ho messo fiori per te nel mio giardino
una rosa rossa di passione
una rosa gialla di ammirazione
mille rose bianche di gelosia.
Angelo mio immeritato
ho messo un seme nel tuo cuore
per essere un uomo migliore.

QUANDO SONO CON TE

Quando sono con te,
chiusa la porta del mondo
si perde la mia carne dentro al tuo sogno.
Fremente, magico,
ignudo viaggio sopra il vento.
Come un angelo di luce sopra uno specchio,
l'amore è solo di DIO,
del fiume di parole con cui abbraccia il mondo intero,
posso solo rubargli qualche sillaba
per poterla sussurrare al tuo meraviglioso orecchio.

CERCATI NEL MIO CUORE

Con te ignaro le spade che feriscono,
esule dai miei personali fallimenti,
abbandonato nelle desiderate braccia del futuro,
senza più remore o paure... io ti amo.
Cercati nel mio cuore,
cercami nel tuo,
ti ritroverai,
mi ritroverai,
sarai mia e sarò tuo.

IL TUO NOME

Come posso nascondere il tuo nome
agli alberi della mia casa
ai fiori della tardiva primavera,
far finta che la mia vita antica
continui ad essere vuota mortificata e spenta,
che i miei occhi abbiano visto i tuoi,
che le mie mani non abbiano incontrato il tuo seno,
che i miei fianchi non abbiano conosciuto
la dolce prigionia dei tuoi.
Mi aggiro solitario per il cortile della mia vita
e temo che una gazza ladra mi rubi
il diamante del tuo meraviglioso sguardo.

IL NOSTRO AMORE

Non penso ciò che sento
e non sento ciò che penso.
Vivo ciò che provo
in ogni attimo della mia vita,
senza uno ieri e senza un oggi,
abbraccio e stretto solo al nostro domani
come antichi amanti
che sanno tutto ed ogni cosa dell'altrui
desiderio come esploratori dell'amore,
alla ricerca di una dolcezza sempre nuova
mai scontata e sorprendente.

IL MIO AMORE PER TE

L'amore per la vita
o c'è o non c'è.
Fino a quando non c'era
sono rimasto chiuso in un triste sottoscala.
Ma da quando ci sei tu nella mia vita
si sono aperte finestre e porte inattese.
Da queste porte e finestre
stò esplorando paesaggi infiniti
per riscoprirmi ogni volta più innamorato
e di dove mi possa giungere
la bellezza di questa passione assoluta.
Sguardi di luce cristallina
con sapore d'eternità
si incontrano in questo nostro tempo tutto umano
ogni giorno, ogni volta e chissà per quanto tempo...

TRA LE NUBI

Non c'è pensiero dei miei giorni.
Non c'è giorno dei miei ultimi anni
nel quale tu faccia capolino.
In un cielo da sogno
per il sogno di un cielo.
Anche tra le nubi di ogni giorno
il sole della mia vita riesce a farsi largo.
Basta solo che io lo voglia,
ma soprattutto che anche tu mi voglia,
nonostante i miei molti limiti e difetti.

LA DOLCEZZA

Come antichi amanti
che sanno tutto e ogni cosa
dell'altrui desiderio,
io e te ci muoviamo
come esploratori
alla ricerca di una dolcezza
sempre nuova
mai scontata
e sorprendente.

IL CUORE APERTO

Tu sei luna mattutina,
ossigeno della speranza della nostra vita futura.
Chi tiene aperto il proprio cuore
non ha paura dell'amore.
La libertà del passato,
il desiderio del nostro futuro amore
ha collezionato un importante risultato.
Nonostante tutti i miei limiti siamo ancora insieme.
E lo saremo anche quando
diventeremo i principi del nostro futuro.

IL CIELO NON FINISCE MAI

Il cielo non finisce mai
anche quando la terra sparirà sotto di lui.
La marea dei giorni dalla quale
non avrai voluto liberarti.
La piccola radice che ho messo nel tuo cuore
getterà i suoi germogli al sole per sempre.
Ogni giorno un germoglio nuovo, un fiore diverso,
per la gioia,
per la speranza,
per il sogno,
per l'amore,
per il sesso,
per l'eroismo,
per la fedeltà,
per la vittoria,
per la serenità.
Giardiniera appassionata ti attenderò,
innamorato di ogni fiore
che porta il tuo nome "LAURA"
nel giardino fiorito del mio amore
dove il cielo non finirà mai più.

LA CONFERMA DEL NOSTRO AMORE

In ogni giornata convivono l'alba e il tramonto.
In ogni gara partenza e arrivo.
In ogni filo d'erba fiori e radici.
In ogni amore gioa e speranza.
In ogni pensiero speranza e sogno.
In ogni essere umano nascita e vita felice.
Ciò che fa la differenza
è la strada che ci porta da una all'altra?
Dall'alba al tramonto o dal tramonto all'alba?
Ogni arrivo è sempre una nuova partenza.
Da ogni radice decolla un nuovo fiore.
In ogni vero amore vince sempre la gioia della passione.
In ogni pensiero la speranza di un domani migliore.
In ognuno di noi la certezza che,
anche dopo ogni eventuale nostra morte,
c'è la rinascita a nuova vita...
per la conferma del nostro amore.

L'EPILOGO POETICO

L'amore per la mia *LAURA*
è la più grande festa di liberazione
da paure e mediocrità,
per raggiungere eterni sogni
della nostra vita d'amore,
dalla quale sono nati i nostri
RICCARDO e *FEDERICA*,
meravigliosi gioielli.

BIOGRAFIA DELL'AUTORE

Ugo Belloli, scrittore, nasce a Soncino (Cr).
Nel 1991 si è Laureato in Pedagogia presso l'Università Cattolica del Sacro Cuore di Brescia ed è diventato insegnante di scuola primaria. Ha attivato, a partire dal 1994, "Comunicare per immagini", un progetto di sperimentazione audiovisiva per il miglioramento dell'offerta formativa delle scuole.

Si è occupato di cinema per ragazzi vincendo numerosi festival:
- 1°Premio alla 53^ Mostra Internazionale di Arte Cinematografica di Venezia 1996, presente nel catalogo "Trent'anni di Cinema nella Scuola";
- 1° Premio al Cinevideofestival di Bergamo 1997;
- 1° Premio all'Ecol'Image 1997, Festival Europeo di Cinema per la scuola in Francia;
- 1° Premio al Concorso Idea Scuola di Cremona 1998;
- 1°Premio al Cinevideofestival di Bergamo 1998;
- 1°Premio al Festival del Cinema di Pordenone 1999;
- Premio speciale della Giuria al Festival del Cinema di Pordenone 1999;
- 1°Premio al Fedic Film Festival di Casteggio 2000;
- 3°Premio al Fano Film Festival 2000;
- 1°Premio al Festival del Cinema di Pordenone 2000;
- Premio Speciale della Giuria alla Biennale del Cinema per Ragazzi di Pisa 2000;

- 1° Premio a "Ciak.. il quinto miracolo" di Castelleone 2001;
- Premio Speciale della giuria al Fedic Film Festival di Casteggio 2001;
- 1° Premio al Festival del Cinema di Pordenone 2001.

Ha ideato e curato dal 1998 al 2010, con l'I.C. di Trescore Cremasco e la dirigente Tullia Guerini Rocco, **MEDIAEXPO'** (La multimedialità per la scuola) tenutosi a Crema presso il Polo Didattico e di Ricerca, Laurea in Informatica dell'Università di Milano.

- Ha partecipato a molte trasmissioni tv: *Geo&Geo* di RAI3 il 23.12.1996, *Uno Mattina* di RAI1 il 9.9.1998, *La scuola in diretta* di RAISAT3 il 17.5.1999.
- Ha curato, nel 2000, la regia del Zonta Film Festival a Cremona.
- Ha collaborato con RAISAT2 all'interno dei programmi per ragazzi MULTICLUB, SCOPRIAMO I NOSTRI MONDI, GLU-GLU, GIGA.
- Ha collaborato con RAISAT3 all'interno del programma MEDIAMENTE JUNIOR.
- Ha curato la rubrica SOLLETICO PENSIERI per l'omonimo programma di RAI1, la TV dei ragazzi.
- Ha prodotto e collaborato con i programmi LA SCUOLA IN DIRETTA e FUORI CLASSE di RAISAT3 e RAI3.
- Ha prodotto e collaborato per e con Disney Channel Italia nel 1998.

Abilitato all'insegnamento della storia e della filosofia presso gli istituti medi superiori, classe di concorso A037 del 2001;

Promotore e coordinatore di 6 progetti interculturali Socrates/Comenius finanziati dalla Comunità Europea nella Direzione Didattica di Trescore Cremasco CR e nell'I.C. di Offanengo CR, dal 1998 fino al 2009 nei quali ha insegnato.

È stato dal 2007 al 2021 tutor del tirocinio presso la Facoltà di Scienze della Formazione Primaria in Università Cattolica di Brescia e in Università di Bergamo.

Promotore e coordinatore di:
- Progetto Europeo Inter Universitario Comenius Regio: "Il tirocinio nella formazione dei futuri insegnanti", tra l'Università Cattolica di Brescia e l'Università Pontificia Comillas di Madrid (Spagna) dal 2013 al 2015.
- Progetto Europeo ERASMUS PLUS KA202: "More Opportunities for Every Child: early detection of child difficulties in kindergarten"; sviluppando il partenariato tra la scuola speciale CEDISMA dell'Università Cattolica di Milano, l'Università Pontificia Comillas di Madrid (Spagna), l'Università Jana Paula II di Lublino (Polonia), l'Université Catholique de l'Ouest, Angers (Francia), progetto attivo dal 2019 al 2022.

Inoltre, negli anni, ha realizzato:

- per il Ministero della Pubblica Istruzione/Direzione Regionale della Lombardia il CD-ROM Multimediale "UNA SCUOLA PER CRESCERE" per la formazione del corpo docente di ogni ordine e grado;
- il documentario "Il Parco del Serio" per l'omonimo Ente Regionale della Lombardia;
- il video lancio di "Cremona Liuteria" e il documentario "Le attività della provincia di Cremona" per conto della Camera di Commercio di Cremona;
- i progetti di educazione ambientale "Le avventure di Secco e Umido", "Green Jump" e "Il territorio come Ecomuseo", per conto dell'Assessorato all'Ambiente della Provincia di Cremona;
- i contributi video del progetto "Peer-education, cinture di sicurezza" per Autostrade Centro Padane;
- i progetti di educazione alimentare "Dal latte al formaggio" per il Consorzio Tutela Taleggio;
- i progetti "Around Cheese" e "Mister Cheese" per il Consorzio Tutela Provolone Valpadana, che hanno coinvolto 12.000 scuole italiane. Quest'ultimo progetto promosso anche in Francia e in Belgio (Mister Cheese in tour) nel quadro di progetti Europei Comenius;
- il video-manifesto "Diversi per essere", Progetto Europeo Peer Education che ha rappresentato l'ITALIA al Congresso Internazionale dell'UNESCO tenutosi a Palermo dal 19 al 22 Giugno 1999 a cui partecipò Hillary Clinton, ministra degli esteri USA;

- nel 2015 il progetto "Il gusto di imparare"; educazione alla salute e alla sana alimentazione attraverso l'uso della LIM (lavagna interattiva multimediale), progetto all'avanguardia nell'utilizzo delle nuove tecnologie della comunicazione educativa offerto alle scuole di base di Spagna, Francia e Belgio;

Indice